目次

第1章　転換思考の習慣を身につけよう

第2章 勝俣流うまくいく仕事術

第3章　夫婦の絆、家族の愛

構成　佐藤俊
デザイン　國吉卓（hanamushroom）

第1章

転換思考の習慣を身につけよう

1

75

3日坊主も100個やれば立派。

ひとつのことを究めることは素晴らしい才能です。同じように、いろんなことに興味を持って、いろんなことにチャレンジするのも素晴らしい才能です。それが3日坊主で終わってもいいんです。3日坊主も100個やれば、**300日坊主です。人は飽きっぽいから成長できるんです。**あっちに行ったり、こっちに行ったりしているうちに自分のやりたいこと、可能性に出合えるんです。

2
75

みんなができないことを目指すのもいいけれど、みんなができることを、みんなができないくらいやるのも素晴らしいことです。

小学3年生の頃、月に1回、読書感想文を出す宿題がありました。最初に『桃太郎』の本を読んで書いた感想文が担任の先生にすごく褒められたんです。うれしくなって1週間に5冊読んで出したら学校の先生みんなが褒めてくれたので、次は1か月に50冊読んで感想文を出しました。それによって、本が好きになり、表現力もつきました。**まずは、好きなこと、できることからスタートしましょう。**夢中になれるものに出合ったらとことん本気でやってみればいいんです。

3

75

努力は嘘をつかない。それは努力すれば夢が叶《かな》うということではありません。努力が現実を教えてくれます。

アスリートは、よく「努力は嘘をつかない、努力したので勝てました」と言います。でも、努力しても負けるときは負けるもの。結果が出なかったことで、**相手よりも努力が足りなかったことや自分の甘さに気づきます。**それはイコール自分が立っている現在の状況であり、今の自分の力量を教えてくれているのです。

4
75

嘘が絶対につけない人を3人以上持ちましょう。

僕にとって嘘がつけない3人は、**欽ちゃん（萩本欽一さん）、柳葉敏郎さん、哀川翔さん**です。人は辛くなると逃げようとしたり、嘘をついてラクをしようとします。でも、この3人は絶対にラクな道を選びません。弱い自分が現れそうになったら3人の顔を思い出して、**歯を食いしばって乗り越えて**います。

5/75

人見知りは優しさです。

僕は、明るく、誰とでも楽しく会話ができるように見られていますが、実はかなりの人見知りです。人見知りというとマイナスのイメージに取られますが、僕はそうは思っていません。**人見知りの人は、人と会う前に入念に準備**をします。その人は何が好きなのか、どうしたら喜んでくれるんだろうかと、いろいろと考えすぎてしまうので、緊張してしまうんです。だから、人見知りはマイナスではなくて、大切な欠点なんです。**欠点とは、欠かせない点**なんですよ。

6

75

あらゆるジャンルにスケベでいたい。

スケベは、探究心を強くします。素早い行動力を生み出し、
とてつもないエネルギーを発します。
だから、**僕はあらゆるジャンルでスケベでいたいです。**

7

75

苦労を「花」にかえて人を喜ばせる人、苦労を「棘《とげ》」にかえて人を傷つける人。

苦労話を急に真面目な顔をして、声のトーンを少し落としてする人がいます。**そういう人の話はつまらなくて退屈**です。いつの間にか自慢話や説教になっていたりします。

笑いながら楽しそうに苦労話をする人もいます。その人の話は、**人を勇気づけ、落ち込んでいる人を立ち上がらせる力**があります。

8
75

「かんどう」は、「汗動」です。

欽ちゃんが『24時間テレビ』でマラソンを走ったとき、練習から参加させてもらいました。本番では欽ちゃんのそばで実況をさせてもらい、ゴールする前に武道館に行ってみんなと到着を待っていました。欽ちゃんがゴールしたとき、スタッフさんやタレントさんが泣いていました。僕も感動しましたが、そのときに思ったのは、僕は泣いている側ではなく、欽ちゃんの側にいたいということでした。人に感動するのではなく、自分が感動させる側にいないと感動的な人生を送れないと思いました。見る「感動」も素晴らしいですが、**汗をかいて、動いて掴《つか》んだ「汗動」こそ自分の血と肉**になります。

9
75

不老不師。

いくつになっても学ぶ姿勢を持ち続けていけば、体が老いても心はいつも若々しくいられます。ただ、分かってはいるんですが年齢を重ねると、今までやってきた経験上でできてしまうことが増えるので、学ぶのを怠ってしまいます。**笑福亭鶴瓶さんや木梨憲武さんは常に学ぶ姿勢を持ち続け、自ら動きまくっています。**そして、学んだことをすぐに試します。ため込むのではなく、披露して自分のものにしてしまいます。その姿を見ていると、**「天才がこれだけやっているんだから凡人の自分は休んでなどいられない。もっと学びまくらないといけない」**と思います。だから、一生動き続けていこうと思います。

10
75

道草は冒険です。

僕が子どもの頃の楽しみは、学校帰りの道草でした。カブトムシを捕まえたり、木の実を取って食べたりしていました。毎日の道草がワクワクする冒険でした。でも、今は便利＝スピードの時代になって、スマホを見て、近道ばかり探しています。**道草には発見**があります。**出会い**があります。道草は、平凡な毎日に**小さな感動を与えてくれる**のです。

11
75

ゴミのないきれいな街には温かい言葉が溢《あふ》れています。ゴミがたくさん落ちている街には冷たい言葉が溢れています。人が街を健康にも病気にもするのです。

　ある日、娘と幼稚園に歩いて行きました。すると娘が**「パパ、ゴミがいっぱい落ちてるね」**と言ったんです。見ると道路にはたばこの吸い殻や食べ物の包み紙が落ちていました。それを見た娘が「このままじゃ町が病気になっちゃうね」と言いました。翌日、ゴミ取りトングを持ってゴミを拾いながら幼稚園まで歩いてみると、ビニール袋いっぱいのゴミが集まりました。娘は、**「これで街の病気が治るといいね」**と笑っていました。

　大分県の別府温泉に行ったとき、街にゴミがひとつも落ちていなくて、顔を合わせた街のみなさんに「遠いところご苦労様です」と声をかけてもらいました。街のみなさんが自分の住む街をとても大切していて、温かさを感じました。

街が人を育て、人が街を育てているんですね。

12

75

反省はする必要はありません。
同じ場面は二度と来ません。

反省するのが好きな人がいます。そういう人は落ち込むのが好きだったり、自分が真剣にやっているという自己満足の強い人だったりします。**僕は、反省をしない方がいいと思っています。**なぜなら同じ場面は二度と来ないからです。こういう時に、こうしたからこういう結果になった、そういう一例として覚えておくだけで良いと思います。すべての経験が自分の身になります。**反省などしないで、明るく向上心を持って**歩いていけばいいんです。

13
75

人に迷惑をかけないようにしましょうではなく、人から迷惑をかけられても許してあげましょう。

人に迷惑をかけてはいけないと誰が言い出したんでしょうね。**いろんなところに迷惑をかけるのが人生**なので、迷惑をかけられたらその人を助けるという気持ちを作っていけばいいんじゃないかなと思うんです。飲み会で自分は普通に遅れて来るけど、人が遅れて来ると怒る人っているじゃないですか。そういう人は人に迷惑をかけているけど、迷惑を許さない。でも、人は迷惑をかけるものなのだから**迷惑を許す、助けるという気持ちが大事**ですね。

14

75

発見とは新しいことを見つけるのではなく、新しい目で見ることです。

小中学校の時に、遠足や修学旅行で訪れた場所に大人になってから行くと見え方が全然違います。映画を見たり、本を読んでも同じことがいえます。**年齢を重ねて、経験値が上がることで感受性や理解の仕方が変わってきて、新しい目が育っているん**です。

その目で見ることで新たな魅力に気がついたり、新たな発見をすることができます。

15
75

誰も見ていなくても神様は見ています。何よりも自分が見ています。

人が見ていないところで、ゴミを捨てるのか、ゴミを拾うのか。あなたは、どちらですか。子どもの頃、おじいちゃんに『神様は、みんな見ているんだよ。ひとつゴミを拾えば、ひとつ徳を積むことになって、いいことが起こるんだよ』と教わりました。子どもの頃は徳の意味が分かりませんでした。大人になって徳を積むということは特別に立派なことをするのではなく、**生活の中で正しいことを積み重ねること**だと分かりました。自分のことよりも人のことを考えて行動していくことが、自分の成長にも繋《つな》がるのです。

16

75

モノや自然に優しくしたら思いやりの心が育ちます。

僕は、小さいときから**モノにも心がある**と信じています。電球が消えてしまったときは、一度外して「もう少し頑張ってみよう」と話かけてあげて、またはめると電球がつきます。消しゴムがよく消えないときは「こんなもんじゃないだろ。お前の本当の能力を見せてみろ」というと不思議とよく消えるようになります。車に乗るときも「事故なく、安全にお願いします」と声をかけ、乗り終えると「ありがとう」と言います。おかげで結婚前から20年以上乗っている車は事故もなく、いまだに健在です。**モノを捨てるときには「ありがとう。お疲れ様」と言います。**モノにも人と同じように思いやりの心を持って接すると生活が豊かになります。

17
75

「当たり前」の中に「当たり」を見つけられる人は、幸せを獲得できます。

特別なものの中に素敵なものがあるわけではありません。特別なことは、そんなにしょっちゅう起きません。でも、毎日、ハツラツとして生きている人っているじゃないですか。いつも笑顔とか、その人と話をすると楽しくなったりする人。そういう人は**当たり前を当たり前と思うのではなく、「ラッキー」とか「うれしい」という感情**を持っているので、**不思議なことを拾って歩ける人**だと思うんです。それができる人は、日常を楽しく、幸せに過ごすことができます。

18

75

酒が人をダメにするのではありません。人はもともとダメなものですよということを酒が教えてくれるのです。

お酒を飲んで問題を起こしたとき、謝罪会見を開き、「禁酒します」と言い、問題をお酒のせいにしていますが、原因は「あなた自身ですよ」と教えてあげたいです。お酒のせいにしているうちは本当の意味で反省ができていません。**お酒は収穫の感謝**のために集まって飲んでいたもので、「栄える」という言葉からできたという説もあります。だからお酒とうまく付き合える人は、良い人生を送ることができるんです。

19

75

人付き合いの上手な人は、人を許せる人です。

最近は**思いやりの心が不足**している人がけっこう多くなりました。重い荷物を持ってゆっくり歩いている人に対して、「もたもた歩くな」と言うのではなく、「手伝いましょうか」と言えるような思いやりの心を持つだけで、自分も周囲も素敵になります。自分がミスした時に許してもらったら「ありがとうございます」と思うのに、人のミスは許せない。そういう人は**1日怒らない日を作ってみたら**どうでしょうか。怒る前に許すことができたら、これまで怒ってばかりいたのが、いかにつまらないことかが分かると思います。

20

75

病気を治すのが薬で、病人を治すのは人です。

親父ががんで入院したとき、お医者さんに呼ばれて話をしました。「重い病気で長く入院している患者さんが何を楽しみにしているか、ご存じですか」と聞かれました。僕が「食事ですか」と答えると、お医者さんは「いいえ、バラエティ番組なんです。私たち医者が作れない薬は笑いなんです」と教えてくれました。**病気は薬で治せるけど、元気にならないと完治したとはいえない**そうです。その**元気の源となるのが、笑い**なのだそうです。

僕は、それから多くの人が元気になるような質の高い笑いを作り続けていこうと思いました。

21

75

誰かがほほ笑む嘘は、いい嘘です。

子どもの頃、ひとつしか残っていない肉まんをおふくろと分けようとしたら、「お母さんは、お腹の調子が悪くて食べられないから全部食べてね」と僕に丸ごとひとつくれました。おふくろは、肉まんにかぶりつく僕を見て、笑っていました。

大人になって分かるいい嘘です。自分の都合でつく嘘は人を傷つけますが、人を幸せにするのは、いい嘘です。

22
75

神様の最高傑作はうんちです。

子どもの頃、バキュームカーが来て、鼻をつまんで**「くせぇくせぇ」**と大騒ぎしていたらおばあちゃんに「うんちが野菜を育ててくれているんだから、感謝しなさい」と怒られました。そのとき、「野菜を育てるなんて、**うんち、すげぇ**」と思いました。

どんなに偉い人もキレイな人も1日1回うんちをします。神様が、みんな、自分の中に汚いものがあるということを教えてくれているのです。「うんち」は神様が学びのために作ってくれた**最高傑作**です。

第2章

勝俣流うまくいく仕事術

23
75

朝早い仕事で気持ちが良い挨拶ができる人は、出世します。

朝早い仕事に時間通りに来たことで仕事が終わっちゃっている人、いますよね。

そういう人は挨拶が雑です。デビュー当時、朝早く現場に入り、柳葉敏郎さんに「おざーす」と挨拶をすると、**「なんやそれ。お・は・よ・う・ご・ざ・い・ま・すやろ!!」**と怒鳴られました。どんなに朝早くてもきちんと挨拶ができる人は、その日の仕事を自分の中でシミュレーションできていて、チームの中の自分のポジションを分かっています。

そういう人は、みんな、**出世**していきます。

24
75

「格好悪い、臭い、汚い」3Kを率先して行う人が「格好良く、感動を与え、稼げる」3Kの人になれます。

欽ちゃんに**「道がふたつに分かれていたら人が行かない方に行きなさい」**と教えられました。人が避ける方は道が困難で、地味で、苦労が多いけど、競争相手が少なくて、勝つ確率が高くなるというのです。これまでの経験からいうと本当にその通りです。今でも僕は迷ったら人が行かない道を選びます。**人が嫌がる、辛い道の先にご褒美がある**からです。

25

75

人に注意されたら「ありがとうございました」と言いましょう。次にもっと大切なことを教えてもらえます。

新人の頃は、誰でも先輩の方々にめちゃくちゃ怒られます。そんなときはへこむし、怒る人から逃げたくなります。でも、何かを教えてくれていると考えたらどうでしょう。いつも怒っていて、怖がられている人のところに相談に行ったことがあるんですが、怖い顔をしながらも丁寧に教えてくれました。**怒ることは、とても面倒臭いこと**です。だから、本当に嫌いな人にはしないいんです。

26
75

大きな桜の木の下の小さなたんぽぽに気づく優しい心。

みんなが満開の桜を楽しんでいるとき、みんなのお尻の下敷きになったり、踏みつけられたりしながらも、きれいな花を開いているたんぽぽ。その**たんぽぽに気づく人は、心の優しい人**です。これは仕事の世界にも通じていて、みんな成功したいから偉い人の方に目が行きがちです。デビュー当時、僕は欽ちゃんに「プロデューサーやディレクターと食事に行くな。ADと行け」と言われました。「お前が売れたとき、今のプロデューサーはいなくなっている。ADは、やがてディレクターになって一緒に仕事ができるようになる」と教えてくれたのです。それからADの人達と朝まで飲みながら「いつか面白い番組をやろう」と励まし合い、数年後一緒に番組を作ることができました。上ばかりを見るのではなく、先を見て、**自分と一緒に歩んでくれる人を見つける**ことが大切です。

27
75

「陰口」はやめましょう。「陰褒め」をしましょう。

僕は、欽ちゃんの番組でデビューしました。他の番組にたくさん出せてもらうようになった時、欽ちゃんが「勝俣は、たいした仕事もしていないのに、なぜかみんなが褒めている。**褒めてくれる人が多いということは、この世界で生きていけるってことだ**」と言っていたとスタッフから聞きました。人づてに聞いた自分への褒め言葉はとても嬉しいものです。もっと頑張ろうと気持ちを奮い立たせてくれます。

28

75

自分が得意なことが才能ではありません。人から要求されることが才能の卵で、それを育てて、成長したものが才能になります。

自分の得意なことが才能だと思っている人が多いと思いますが、それを誰からも要求されなかったら自己満足で終わってしまいます。人から要求されるということは、あなたに期待に応えられる力があるということです。テレビ番組にキャスティングされたとき、期待されているのだから一生懸命にやらないといけませんが、自分の得意なことばかりを要求されるわけではありません。そんなとき、期待に応えようと悩み、苦しみます。**実はその先で新しい才能の卵が生まれたりします。**それに気づいて、成長させていくことで、自分の新しい**「強い武器」を手に入れること**ができます。

29

75

隠し包丁を入れる愛、隠し包丁に気づく愛。

『朝だ！生です旅サラダ』には、話が苦手なゲストの方も来ます。生放送で緊張して思うようにしゃべれない人もいます。そういうときは、**その人が言えなかった言葉を足して**あげます。ロケで飲食店に行ったVTRを見た後、みんなが「美味しそうでしたね」と言った後、「お店の方も温かい人だったんですか」と聞いてあげると、お店の方との思い出話が聞けたりします。カメラでは撮れていない映像がみんなの頭の中に流れて温かい気持ちになります。そういうものが**隠し味になって**、番組が多くの人に、長く愛されるものになります。

30

75

目標というゴールに早く到達する
のもいいけど、回り道をしながら
目標に向かう方が楽しいです。

最短でゴールにたどり着こうとすると、最小限の必要なことしか学ばなくなります。でも、自由に寄り道をしながら進むと出会いと発見があるので、人生の幅が広くなり、人としての質を高めることができます、役者は、芝居の勉強ばかりしていてもうまくなりません。旅をしたり、趣味を持ったり、**感受性にリードをつけずに遊び回れる人**が、役者としてはもちろん人としても魅力的になっていきます。

31
75

天才が恐れるのは、全力疾走するバカです。

「バカだなぁ」はバラエティの世界では**一番の褒め言葉**です。本物のバカが放つ光は鮮やかで美しいんです。天才は頭を使い、分析をして一定の成果を出しますが、バカは面倒臭い理屈がなく、感覚で動きます。その感覚の中にとんでもない量の火薬を蓄えていて、大爆笑を生んだり、新しいものを作ったりします。だから、**天才はバカに太刀打ちできない**のです。

32

75

長く人気のある店は、守り続けているのではなく、変わり続け、進化し続けているのです。

老舗の方から「味を守り続けるということは、時代によって味を少しずつ変えていくことなんです。だから、時代が変わってもたくさんのお客さんに来ていただいているのです」という話を聞かせていただきました。味を頑固に守っているだけではお客さんは離れていくので、時代に合わせて、**常に変わり続けていくことが人気を保つ秘訣**だそうです。

僕もデビュー当時は、元気いっぱいのイメージがついていましたが、結婚して子どもができると、その経験から求められるコメントが増えていきました。**軸になるものは変えずに、時代に合わせて進化していくことが大切**なんですね。

33

75

心をこめている挨拶は「愛拶」ですが、心がこもっていない挨拶は「哀拶」です。

渡哲也さんが役者になり、会社の人に撮影所に連れていかれた時、お昼休みだったので先輩の役者さんに挨拶をして回ったそうです。ほとんどの先輩の役者さんが渡さんを見ず、挨拶も返さなかったそうです。そんな中、ひとりだけ立ち上がって、「石原裕次郎です。渡君、頑張ってください」と挨拶を返してくれたのが石原裕次郎さんだったそうです。そのとき、渡さんは、**「この人についていこう」**と決めたそうです。その7年後、渡さんは石原裕次郎さんの会社に入り、支えていきました。ふたりの出会いは、**最初の挨拶がキッカケ**だったのです。

34/75

緊張は、友達。

緊張は不安が作り出します。物事を始める前に自分の不安を全部、書き出してみてください。結果、恐れていた不安ってひとつも起きないことの方が多いんですよ。だから不安ではなく、緊張感だけを持って仕事をしましょう。**実は声の大きなタレントさんは緊張しやすい人が多いんです。**大きな声を出して緊張を飛ばしているんです。緊張を楽しんでしまうと案外うまくいきます。

35

75

「弱点」は恥ではありません。
「弱気」が恥なのです。

欽ちゃんの番組のスタッフにすごく怖い人がいました。ある日、リハーサルでできていたことを生放送でやりませんでした。すると、その人に呼び出されて、「なぜやらないんだ。やったところで100点取れない奴がやらないと0点だろう。格好なんてつけずに、やれることをやって帰ってこい。自分の武器を持って帰ってくるな」と怒られました。その頃はかっこいい自分を見せようとしていて、**自分の弱さを見せることや、恥をかくことを恐れていた**んです。自分の武器さえも出せない弱気な姿勢は、みんなに伝わります。それが一番かっこ悪く恥ずかしいことです。

36
75

作ったものがものを言う一流、作った人がものを言う二流。

お寿司屋さんで仕入れた食材の自慢話を延々とされたことがあります。僕はそのような話よりも食材を取ってきた漁師さんなどの話を聞きたいんです。周囲の方への感謝の言葉は聞く側にとって心地よいものですが、**自慢話は料理と料理人の味を落とします。**おふくろの手料理はとても美味しいけど、特に何も語りません。美味しそうに食べている子どもを見て、ほほ笑んでいます。そんな、おふくろこそが一流だと思います。

37
75

「人生の波待ち」を楽しめる人がいい波が来たときに上手に乗ることができます。

アイドルグループにいた時は死ぬほど忙しく、1年間1日も休みがなく、血の小便が出たこともありました。でも、CHA《チャ》-CHA《チャ》を解散したら1か月に1本しか仕事がなくなりました。休みができたので、うれしくて彼女とディズニーランドに毎週行くようになり、うんちくをたくさん知ることができました。ひとりのときは、ラーメン屋さんを食べ歩き、お店のことを調べたり、店長さんに聞いた話をノートにまとめていました。その後、ディズニーランドブームとラーメンブームが来て、多くの番組に出演することができました。**人生うまくいかなくなったとき、慌てふためくのではなく、その時間を有効に使うことが大切**です。いざというときのために、**波待ちを楽しんで**いればいいんです。

38

75

大切なのは、誰にも負けない「鋼の心」と誰をも受け入れる「鍋の心」です。

誰にも負けない「鋼の心」を育て、目標を達成することは素晴らしいことですが、敵を倒すだけではなく、味方を増やす戦い方もあります。それは、誰をも受け入れる**温かい「鍋の心」**です。**昨日の敵は今日の友。**味方を増やしていくと、さらに上のレベルの成功にたどり着けます。

39
75

感謝神経を磨きましょう。

牛丼の吉野家さんは、食券の販売機を置いていません。お客さんは直接、店員さんに注文して、食後、お金を払います。その時、店員さんは「ありがとうございました」とお礼を言います。食券制にすると食べ終えたお客さんが出ていくことに気づかないこともあるのでそうしているそうです。感謝の心を大切にしているので、**あえて便利を省いているん**です。

不便で面倒臭いことの中に、大切なことがたくさんあります。

40

75

強い石垣に大切なのは大きくて硬い石ではなく、隙間を埋める小さな石です。

災害などで壊れた城壁を直す職人さんが強い石垣の積み方を説明していました。大きくて頑丈な石を集めて積み上げただけでは石垣は強くならなくて、大きな石と石との間に小さな石を入れることで強くて崩れない石垣ができるそうです。このことは城壁だけではなく、すべての仕事に共通しています。強くて大きな石になる人と、隙間を埋めて支える石になる人。**自分はどういう石なのか理解して、その役割を果たせるように自分を磨いている人**が周囲から必要とされます。

41

75

面白いものは、面白い人が作るものではありません。誰かを笑顔にしたいという思いの強い人が作れるのです。

バラエティの世界には**「笑いの神様」**がいます。笑いの神様は、笑いのために努力する人が好きです。欽ちゃんは、冬に番組の会議をテレビ局の会議室ではなく外でしたり、稽古場の窓をずっと開けっ放しにしていました。笑いを一生懸命に作るのを「笑いの神様」に見せて、ご褒美をくださいとお願いするためです。芸人で成功している人達は、子どもの頃から面白かったわけではなく、むしろ**何かしらのコンプレックスを持っている人が多い**です。そんなときに、お笑いに助けられた経験をしています。だから、今度は**自分が笑いで誰かを助けたい**という思いを持っています。その思いが強く、人の何倍も努力している人のところに「笑いの神様」は降りてきます。

42
75

ヒット商品はお客さんのわがままが作ります。

青森県に大人気の「味噌カレー牛乳ラーメン」があります。このラーメンはお店の常連の学生達が頼むオリジナルのトッピングラーメンをすべて店長さんが作って出してあげていたことから誕生したんです。その中のひとつが噂となり、裏メニューとして人気が出て、あれよあれよという間に**店のヒットメニュー**となったのです。

43
75

爪痕はいらない。爪を切ってテレビに出ましょう。

芸能界は、**勝ち負けの世界**だといわれていますが、ひとつの仕事では勝ち負けは決まりません。最近、「爪痕を残す」という言葉がよく遣われていますが、ひとりが爪痕を残しに来られてもチームワークが乱れて、周囲の人を傷つけるだけです。どんな仕事も個人戦ではなくチーム戦なので、みんなで力を合わせてやることが理想です。**爪はきれいに切ってから**参加してください。

44

75

親しい人が亡くなったら、自分に何を託されたかを考えましょう。

僕がお世話になったプロデューサーが亡くなったのですが、それですべてが終わるわけではありません。その人と出会って成長させてもらいましたし、その教えを続けていくことで仕事でブレることがなくなります。その人がやりたかっただろうなということを僕がやっていくことでその人の死は悲しいだけのものではなくなります。**託されたことをやっていくことでその人が喜んでくれたら**いいなと考えてやると、また違う力が湧いてきます。こういうときにあの人だったらどうするのかなと考えると、答えが導き出せるのもありがたいですよね。そうして自分の中にずっと生き続けるんです。

45
75

人の勝利の手助けをしてあげましょう。勝利を与えられた人は次からあなたのチームのメンバーになってくれます。

お笑いの仕組みは**「フリ・オチ・フォロー」**です。フリに対してボケて、それに対して突っ込むことでお客さんが笑います。ボケが弱い時は突っ込むだけでなく言葉を足してあげることでお笑いとして成立させることもあります。ひとつの笑いを作るのは助け合い、「チームワーク」です。笑いを作る時もそうですが、何かの仕事で未熟ながら一生懸命に参加している人の手助けをしてあげることは大事なことです。そのおかげで得点することができたら、その人は協力することの必要性を学べて、次に、あなたが得点しようと動いているときに、手助けをしてくれます。そうして、**力強い味方を増やして**いけばいいいんです。

46

75

一生懸命と一笑懸命。

「一生懸命」に努力することは素晴らしいことです。**自分を追い込むことで新しい可能性**を見つけ出すことができます。仲間と共に成長していく「一生懸命」の芸能界の代表はウッチャンナンチャンです。「一笑懸命」もあります。「一笑懸命」は遊びの要素も取り入れて、自らが楽しんで進んでいくことで仲間の輪を広げていきます。「一笑懸命」の芸能界代表は、とんねるずです。

47
75

二兎追いたかったら二兎追いましょう。三兎、四兎が現れます。

「二兎追う者は一兎をも得ず」といいますけど、ひとつに絞らなくてもいいと思います。うさぎを追っかけていたら鹿が出てくるかもしれないし、思わぬ絶景に出合えるかもしれません。また、追っかけている途中で興味がない方に興味が湧くこともあります。今の時代、人気者は、テレビだけでなく、SNSやYouTubeから生まれたりします。いろんなことを追っていけるエネルギーがあるならば追いかけまくればいいんです。たとえ、一兎も得られなくても、**夢中でやったことは必ず自分の身**になります。

48

75

ぼた餅が落ちてきたら喜んで食べずに、ふたつ目を探してください。

ラッキーなことが起きたときにラッキーで片づけないでください。**ラッキーを分析**してみましょう。どうしてぼた餅が落ちてきたのか。どんなときに落ちてきたのか。なぜ、自分に落ちてきたのか。そうして嗅覚を磨くことで落ちてきそうなタイミングや場所が分かるようになります。

第3章

夫婦の絆、家族の愛

49

75

「幸せにしてください」ではなく、「一緒に幸せになりましょうね」。

結婚することを**「一緒になる」**といいます。一緒に生活をして、一緒に子育てをする。喜びだけではなく、苦しみも共にしようと約束するのが結婚です。「幸せにしてください」という考え方でスタートすると、辛いことが起きたとき、話が違うとなってしまって、一緒に乗り越えることをせずに逃げてしまいます。夫婦になったら、**いつかは相手のおむつを替えるときがきます。**それができると考えられる人となら一緒に幸せになることができると思います。

50

75

夫婦で相手ができないことを怒るのはおかしなことです。お互いに自分ができないことをできる人と結婚したんですよ。

夫婦で、「あなた、なぜこんなことができないの？」と喧嘩することがありますよね。でも、もともと他人だったふたりが自分と違うモノを持っている相手に興味を持って、魅かれ合って夫婦になったと思うんです。お互いをフォローし合っている夫婦は仲がいいです。**自分ができないことを相手がしてくれる。相手ができないことを自分がしてあげる。**お互いが思いやりを持てば喧嘩はなくなります。

51

75

夫婦に大切なのは、キャッチボールです。ドッジボールになったらいけません。

結婚したばかりのときは、相手の笑顔が見たくて、相手が取りやすいところに言葉のボールを投げていました。でも、時が経つと相手への不満が増えていき、優しいキャッチボールだった会話が、**相手の急所を狙うドッジボール**になってしまいます。**足元や喉元とか、相手の取りづらいところに言葉のボールを投げるよう**になります。そうなると会話ではなく、戦いになってしまいます。人は、自分にされたことを相手に返します。優しいボールを投げたら、相手も優しく返してくれますよ。

52
75

感謝の心が溢《あふ》れている家は竜宮城になります。感謝の心がない家は鬼ケ島になります。

結婚したら帰るところはひとつです。だったらそこは居心地の良い場所にしたいですよね。そのために必要なことは、相手に対して感謝の気持ちや思いやりの心を忘れないことです。家の中が嫌な感じになっているときは、そういう当たり前のことをおざなりにしているんです。「ありがとう」の一言で**鬼ヶ島から竜宮城にかわり**ます。鬼が乙姫様にかわりますよ。

53
75

神様とかみさんには感謝の心を持ちましょう。

あなたが困ったときに助けてくれるのが神様とかみさんです。同時に一番厳しいことを与えるのも神様とかみさんです。それは、それがあなたの成長に繋《つな》がることを知っているからです。頑張ったあなたに甘い飴を与えてくれるのも神様とかみさんです。その時、一緒に喜んでくれるのが神様で、もっとおいしい飴があることを教えてくれるのがかみさんです。**神様とかみさんに絶対にしてはいけないことは、嘘をつくことです。それをしたら地獄に落ちます。**

54

75

「妻」の「つまらない話」を酒の「つまみ」にできるようになったら人生の達人です。

奥さんの話は、フリもオチもなく、自分で勝手にハードルを高くしておいて、ゴールがスカスカなことが多いです。お世辞にも面白いとはいえません。彼女たちにとっては、その話が面白いかどうかは関係なく、ただ報告したいんです。相談事も聞いてほしいだけで、解決策など求めていません。良かれと思い、解決策を教えると途端に不機嫌になります。**ほほ笑み、うなづいて、共感**してあげましょう。そうすれば**笑顔のかわいい奥さんでいてくれます。**

55

75

自分の中の少年と少女を育て続けましょう。いつまでも手を繋《つな》いで遊びましょう。

夫婦は、みんな、比べたがります。あそこの旦那さんは家事をよく手伝ってくれるとか、あそこの奥さんはいつもきれいにしていて料理も上手だとか。他と比べていると不満ばかりが増えていきます。**比べるのではなくて、ふたりで楽しむこと**を考えたらどうでしょうか。以前、夫婦で食事をしているときに僕が「仕事がなくなって暇になったらどうしよう」と言うと、「やったー！時間がいっぱいできるからふたりでいろんな所に旅行ができるね。どこ行こうか？」と言われました。普通は「どうしよう」と心配をされ、重たい雰囲気になりますが、その状況さえもふたりで楽しもうとポジティブな答えが返ってきました。それがまるで**少女のようにキラキラ**していて、僕は、この人といれば一生楽しんで生活できると思いました。

56

75

仲が良いとあくびがうつります。幸せな時間が流れている証拠です。

夫婦仲が良いと、**あくびがうつる**そうです。夫婦仲が悪くなると一番うっとうしくなるのがいびきだそうです。**夫婦仲が良いと、呼吸のリズムも同じになって、心地よい幸せな時間が流れ**ます。そういう幸せな時間をずっと一緒に過ごせる夫婦でいたいですね。

57

75

夫婦喧嘩、「男の負けるが勝ち」で夫婦円満。

夫婦喧嘩は、些細なことから始まります。それをお互いに真正面から受け取って、打ち合ってしまうと、お互いを傷つけてしまうことになります。だから、男子はボクシングのように打ち合ってはいけません。**スパーリングだと思って付き合ってあげたらスッキリ**して「お腹すいたね。何、食べようか?」となって、奥さんはいつもの優しい顔に戻ります。

58
75

子どもの心と体に一番悪い食べ物は「夫婦喧嘩」です。

娘が幼稚園児の頃、娘の前で夫婦喧嘩をしてしまいました。自分の部屋にいると娘が紙と鉛筆を持ってきて、「パパとママの何が悪いのか、そしてパパとママの好きなところを書いて交換して」と言いました。娘はただ喧嘩を止めるのではなくて、もっと仲良くなる方法を見つけてくれたのです。確かに、自分が子どものとき、**親が喧嘩することがすごく嫌でした。**夫婦喧嘩は子どもにとって、悲しいことでしかないんです。**犬も食わない「夫婦喧嘩」**を子どもに食べさせてはいけませんね。

59

75

奥さんの料理はラブレターです。

料理を作ることは、とてもたいへんなことです。まず何を作るかを考えてスーパーに行って、食材を買って、重い荷物を持って家まで帰る。家に着いたらそれを冷蔵庫にしまいつつ、使う分を洗って切って、煮て、焼いて、味見をして完成させます。温かいものを食べてもらいたいから直前に温め直して出します。そんな手間暇かかる面倒臭いことを毎日できるのは、旦那さんのことを愛しているからです。**奥さんの料理は、最高のアイラブユー**です。

60

75

赤ちゃんは泣いているのではありません。家族のために、みんなのために歌っているのです。

赤ちゃんが泣いているのは悲しいからではありません。赤ちゃんは泣きながら「お腹が空いたよ」「だっこしてほしいよ」「おむつが気持ち悪いよ」といろんなことを語りかけてくれているんです。「泣いてうるさい」と思わないで、何を欲しているのか感じてあげましょう。時には、**「いい泣き声だね」「もっと元気いっぱいに泣いていいよ」と褒めて**あげましょう。するといっぱい泣いた後、スヤスヤと眠ってしまいます。

61
75

なぜ話し合いで解決するヒーローが現れないのだろう。世界を平和にする「戦隊ヒーローディスカッション」。

子どもの学芸会を見にいくと戦闘シーンが多く、異星人や悪者をやっつけてみんなで喜びます。それはゲームやテレビの中に戦いが溢《あふ》れているからだと思います。僕が子どもの頃、大好きな『仮面ライダー』の唯一、嫌いなところがありました。それは怪人が出てくる前に、戦闘員をみんな倒すことでした。子ども心に**「今までひとりも勝ったことないじゃん。ムダ死にだよ。早く怪人出せよ」**と思っていたんです。

学校では喧嘩すると、先生に「殴り合いではなく、話し合いをしなさい」と言われました。だから、戦いではなく、話し合いで解決するヒーローが現れてもいいんじゃないですか。グリーンは「共感」、ピンクは「称賛」、レッドは「まとめ役」とか、**正義のために話し合いをする「戦隊ヒーローディスカッション!!」**。今の時代に合ったヒーローだと思います。

62

75

子どもの間違いを怒るのではなく、良い間違いは褒めてあげましょう。

正しいか、正しくないかで判断をして、子どもを注意をするのはやめましょう。子どもの間違いを怒って、すぐに答えを教えてしまうのは厳しくしているようで**実は甘やかし**になります。すると子どもは、**同じ間違いを繰り返す**ことになります。まずは間違った理由を聞いてあげましょう。その上で「間違いは誰にでもあるよ。間違ったことで学ぶことがたくさんあるよ」と伝え、子どもと一緒に考えてあげましょう。すると、子どもは**自分で考えて、答えを見つける**ことを覚えます。

63
75

子どもに落ちこぼれはいません。いるのは落ちこぼれの先生と親です。

うちの子どもが幼稚園で人を突き飛ばして相手を泣かせてしまったことがありました。それを聞いて、すぐにその子の親に謝りにいきました。子どものミスを謝るのが親の役目です。そのときに、子どもには怒らずに突き飛ばした理由を聞きました。楽しくて少しだけ強く押してしまっただけで傷つけようとしたのではないことが分かりました。**した行為が良いか、悪いかではなく、した理由が大切**です。子どもが落ちこぼれていくのは、学習能力が足りないからではなく、**大人の思いやりと愛のない言葉で腐らされてしまう**からです。親も先生も子どもとともに成長していく関係であることを忘れてはいけないと思います。

64

75

子育ては料理と同じです。「火加減」「水加減」「塩加減」が「いいかげん」ではいけません。「いい加減」が大切です。

子育ては、やり過ぎはいけません。**ほどほどがいいんです。**子どもの好奇心に任せて、その芽を摘まないことが大切です。うちの娘は、ハワイに行くときれいな海で泳ぐことよりもシーグラスを集めることに夢中になっていました。拾い集めたきれいなシーグラスをニコニコしながら眺めていました。大人からすると何の価値もないものですが、海が削って作ったシーグラスの美しさが大好きだったのです。そういう経験もあってか、美術に興味を持って、熱心に絵を描いて誕生日にプレゼントしてくれます。**子どもの好奇心に対しては、あれこれ口出しせずに見守ることが大切**です。

65

75

虹は何色《なんしょく》ですか。答えは「7色」ではなく、「無限」です。

「虹は何色ですか」と聞かれたら、みんな「7色です」と答えます。子どもによっては9色とか12色と答えたりするそうです。子ども達は、大人が7色と教えるから7色に描いてしまいます。でも、**実際に虹を見せると、7色以上で描く**そうです。大人の決めつけは、子どもの可能性の邪魔をします。**当たり前といわれているものに疑問を持ち、自分で見聞きしたものを大切**にしてほしいですね。

66
75

親は子どものなぜに「答える」のではなく、「一緒に考えて」あげましょう。

子どもの「なぜ」はくだらないことがとても多いです。例えば、「なぜ、うんちは臭いの」「どうして男にはおっぱいがないの？」「どうして女にはおちんちんがないの」とか……。でも、子どもはそういう「なぜ」と一緒に大きくなっていきます。**その「なぜ？」にすぐに答えを与えてしまうと子どもは育ちません。**一緒に考え、調べて答えにたどり着くことで子どもは成長していきます。

67

75

子どもは本気で遊んでいる大人の背中を追いかけます。

テレビのインタビューで加藤茶さんが『8時だよ、全員集合』が成功した理由の話をしていて、とてもためになりました。「ドリフの笑いは子どもにいっさい合わせなかった。大人が面白いと思うものを作り込んで見せたら、子どもが大人のマネをして飛びついてきた」と言うのです。その理論でいうと**大人が楽しんでいる姿を子どもに見せて、興味を持ったら参加させて**あげればいいんです。うちの息子も釣りに連れていって、自分で魚を釣らせて、それを料理して食べさせてあげたらすごく感動して、また行きたいと言っていました。

68

75

子どもは、どんなことも笑顔にかえてくれるアーティストです。

家の近くにあった大きな木が切られていました。僕が人間の勝手さに腹を立てていると、息子が切り株を見て、「かぶとむしとクワガタが喜んでいるよ」と言うのです。「なんで？」と聞くと、「だって、ここでお相撲が取れるもん」と答えるので、思わず笑ってしまいました。

ハワイに家族旅行をしたとき、買いものをしていると大勢の人が集まってきて、写真を求められました。家族が一緒にいたので、「すいません」と謝り、その場を去りました。すると娘に「あの人達はパパのことが好きなんだよ。もう会えないかもしれないから一緒に写真を撮りたいんだよ。今、とても悲しい気持ちだと思うよ」と言われました。僕はすぐに戻って、みんなと一緒に写真を撮りました。**子どもは、笑顔と気づきの花を咲かせてくれるアーティストです。**

69

75

小学1年生になったら友達100人作るよりも夢を100個持たせてあげましょう。

夢がひとつとか、ふたつしかないと叶《かな》わなかったときに、落ち込みます。しかも、ひとつだけだと大きな夢にしてしまいがちです。でも、**夢を100個持つと、小さなことでも夢**になります。どんな小さな夢でも叶うと嬉しいですし、その感動が、次の夢にチャレンジする力になって、積極的に行動するようになります。夢はたくさんあった方がいいんです。

70
75

おじいちゃん、おばあちゃんからもらったおこづかいで、ふたりを笑顔にしてあげましょう。

おじいちゃんやおばあちゃんからおこづかいやお年玉をもらったら、それを何に使ったのかを話してあげましょう。マンガを買ったら、その面白さを話してあげるとふたりはすごく喜んでくれると思います。**感謝の気持ちを言葉にして、おじいちゃんとおばあちゃんを笑顔**にするプレゼントを返してあげましょう。

71
75

家族にこそ「親しき仲にも礼儀あり」です。

敬語は、思いやりの心を育てます。その遣い方を知れば、気の遣い方を学ぶことができます。挨拶は、感謝の心を育てます。それを子どもに教えて社会に送り出すのが親の役目です。だから、**家庭内できちんとした言葉遣い**をしましょう。そうすれば社会に出たとき、いろんな人とちゃんと話ができるようになって、**素敵な人との出会いのキッカケ**を作ることができます。

72

75

家族で批判し合うのはやめましょう。家族は応援し合いましょう。

子育ては親も子どもも毎日が初めての連続です。分からないことばかりで不安になります。だから、**一番近くにいる家族が自分の味方でいてくれて、応援してくれると安心**します。応援は、言葉にして伝えることだけではありません。その人と同じ気持ちになって近くにいてあげたり、話を聞いて、対策を一緒に考えてあげることも応援です。子どもがお母さんに怒られてシュンとしているとき、「どうした?」と声をかけてあげることも応援ですし、そこからいつもの家族に戻れるように助け合うことも応援です。

73

75

親が教えてくれたことを守って、正しく生きていくことも立派な親孝行です。

親が亡くなると家族は生きている間にもっと何かできたんじゃないかと悔やみます。でも、**僕は亡くなった後が大事**だと思っています。僕が親になって感じたのは、自分がいなくなっても、教えたことのひとつでも子どもたちが守って生きてくれたら嬉しいということでした。親が教えてくれたことを大切にして生きていけば、**天国の親は笑顔になる**と思います。それも立派な親孝行です。

74

75

笑いジワはおばあちゃんをかわいくします。だから、おばあちゃんをたくさん笑わせたおじいちゃんはかっこいいです。

シワは、長く生きた分だけ増えていきます。おばあちゃんの笑いジワは、楽しく過ごしたおじいちゃんがいたからできたものです。**シワの数だけ、笑い合った素敵な思い出**があって、シワの深さだけ苦しいときをふたりで乗り越えてきたんだと思います。キレイにする化粧品はお金を出せば買えますが、**かわいい笑いジワはお金を出しても買えません。**

75

75

家族を作っていくのは、思い出の数です。

家族を作っていくのは、日常の思い出の積み重ねです。僕は、7人兄弟、両親、祖父母の11人家族で、食事は全員一緒にしていました。親父がその日、学校であったことを順々に聞いていくんですが、**一人ひとりの話にみんなが笑い、頑張った人にはみんなでお祝い**をしました。ひとりの楽しい思い出や辛い思い出が家族全員の思い出になったんです。その**思い出の数だけ、家族の絆は強く**なっていきます。

著者／勝俣州和

構成／佐藤 俊
装丁・本文デザイン／國吉 卓（hanamushuroom）
イラスト／ noguchi

編集／岩﨑美憲、横井孝宏
編集協力／土田和之
制作／松田雄一郎
販売／斎藤穂乃香
宣伝／阿部慶輔

全力疾走するバカになれ
～明るく、楽しく生きたい人に贈る75の言葉～

2021年12月5日　初版第1刷発行

発行者　村山 広
発行所　株式会社小学館
〒101-8001 東京都千代田区一ツ橋 2-3-1
TEL 03-3230-5505（編集）
03-5281-3555（販売）
印刷所　萩原印刷株式会社
製本所　株式会社若林製本工場

ISBN 978-4-09-388847-9